JN410757

■사랑의 명시 모음집■

사랑은 가졌어라 내 마음은

엮은이 박 래 식

경희대를 졸업하고, 시로 문단에 등단하였으며, 해군 OCS 대위로 전역하였다. 한국문화예술진흥원 문화교육 프로그램 및 공연기획자 연수과정을 마치고, 한국기타협회 이사, 한국 우쿨렐레협회 이사를 역임하는 등 음악분야에도 활발하게 활동해 온 작가다.
〈눈물어린 섬백리향〉〈바다는 잠 못 이루고〉〈노을이 지면 별로 뜨리라〉 등 그 동안 여러 권의 작품집을 출판하였으며 꾸준하게 예술 활동을 해 나가고 있다.

사랑의 명시 모음집

사랑을 가졌어라 내 마음은

2013년 12월 24일 인쇄
2013년 12월 30일 발행

엮은이 : 박 래 식
펴낸곳 : 문예의 전당
서울 서대문구 남가좌동 78-48
등　록 : 제312-2007-005
전　화 : 02)738-8300　팩스 : 02)6442-2539

정가 : 10,000원

목 차

사랑을 가졌어라 내 마음은

그녀는 아름답게 걸어요

바이런

그녀는 아름답게 걸어요
별이 총총하게 빛나는 맑은 밤처럼
어둠과 빛의 순수가 모두
그녀의 얼굴과 눈 속에서 만나
하늘이 천박하게 빛나는 낮에는 보이지 않는
그런 부드러운 빛으로 무르익어요

어둠이 더욱 짙거나 엷었다면
새까만 머리카락마다 일렁이는
또는 부드럽게 얼굴을 밝혀 주는
저 형언할 수 없는 우아함이 반이나
지워졌을 거예요
밝고 즐거운 생각들이 그녀의 얼굴에서
그녀가 얼마나 순결하고 사랑스러운가
알려줍니다

그토록 상냥하고 고요하고 풍부한
저 뺨과 이마 위에서 사람의 마음을
사로잡는 미소, 환한 얼굴빛은 말해줍니다
순진하게 보낸 시절을,
지상의 모든 것과 화평한 마음을,
그리고 순수한 사랑의 마음을

그대 눈 푸르다

베케르

그대 눈 푸르다
수줍은 미소는
넓은 바다에
새벽별
비친 듯하다

그대 눈 푸르다
흘리는 눈물은
제비꽃 위에 앉은
이슬방울 같다

그대 눈 푸르다
반짝이는 슬기는
밤하늘에 떨어지는
유성처럼 아름답다

그대 발 밑에

예이츠

금빛 은빛 무늬를 새긴
하늘의 수놓은 비단
밤과 낮, 저녁이 비치는
푸르고, 어스름하고,
검은 빛 비단이 있다면
그대 발 밑에 깔아 드리련만
나 가난하여 오직 꿈만을 가졌기에
그대 발 아래 펴 놓았다오
사뿐히 밟고 오소서,
그대 밟는 것 내 꿈이오니

그대가 나를 사랑하고 있음을

하이네

그대가 나를 사랑하고 있음을
오래 전부터 알고 있었지만
그대가 내게 고백했을 때
나는 몹시 놀랐습니다

나는 산에 올라가
소리치며 노래했습니다
저녁 무렵 바닷가로 내려가
저무는 해를 바라보며
울기도 했습니다

이제 내 마음은
태양같이 뜨겁게 타오르고
사랑의 바다 속으로 잠깁니다
황홀하고 아름답게

그대가 언제나

위고

그대가 나에게 말했던 것처럼
그대가 언제나 나만을 생각한다는 것이
진실이라면,
우리가 떨어져 있을 때라도
우리의 영혼을 쉼 없이 함께 있도록
만드는 이 달콤하고 친밀한 생각의 일치를
믿는 것은,
내가 가진 큰 행복 중의 하나입니다

그대를 만나러 가는 밤

타고르

그대와 약속한 곳으로
나 홀로 가는 밤
새들은 노래하지 않고
바람 한 점 불지 않고
거리의 집들도 고요히 서 있을 따름
내 발걸음만이 소리를 내고 있습니다

나는 수줍은 마음으로 발코니에 앉아
그대의 발자국 소리를 기다리고 있습니다
나무 하나 까닥하지 않고,
개울물조차 잠에 빠진 초병의 총처럼
조용합니다
숨 가쁘게 뛰고 있는 것은 내 심장뿐
어떻게 하면 진정될까요

사랑하는 그대가 오시어 내 곁에 앉으면
내 온 몸은 마냥 떨리기만 하고
내 눈은 어느덧 감기고, 밤은 어두워 집니다
바람이 촛불을 살포시 꺼 버립니다
구름이 별을 가리며, 옷깃을 살며시 당깁니다

그대를 여름날에 비하리까?

셰익스피어

그대를 여름날에 비하리까?
그대는 여름날 보다 더 사랑스럽고,
더 온화 합니다
거친 바람은 오월의 고운 꽃봉오리를 흔들고,
여름은 어느새 가버리는 것
때로는 그 하늘의 눈이 뜨겁게 이글거리고
그 황금빛 얼굴은 자주 흐리고
무릇 아름다운 것 또한 때로는 쇠망하고,
우연이나 자연의 변화에 따라 그 고운 빛이 바랩니
다
그러나 그대의 영원한 여름은 시들지 않고
그대가 지닌 아름다움은 가실 날이 없고,
또한 죽음은 그의 그늘 속을 그대가 헤맨다해서
자랑하지는 못할 것입니다
이제 그대는 이 영원한 시속에 뿌리내려
인간이 숨쉬고, 눈이 볼 수 있는 한
이 시가 살아 그대에게 생명을 주는 한
영원토록 살 것입니다

그대의 눈동자

아나크레온

그대의 눈동자의 상냥함은
이를테면
아직 젖 떨어지지 않은
어린 사슴과 같아

마치 수풀 속에서 뿔을 쫓는
어미 사슴
떼어 놓고 달아나
무서움에 떨고 있는
어린 사슴과 같아

그대의 눈동자를

하이네

그대의 눈동자를 보고 있으면
근심도 걱정도 사라져 버리고
그대의 입술에 입을 맞추면
내 마음엔 삶의 기쁨이 솟네

나 그대의 가슴에 안기면
천국에 온 듯한 기분이 들고
당신을 사랑해요 하고 말하면
눈물을 흘리며 울어 버리네

그대의 얼굴에는

다우텐다이

그대의 얼굴에는
고요함이 깃들어 있다
여름날 묵직한 숲속에 깃들고
저녁의 울창한 산속에 깃들며
꽃봉오리 속에 깃들어 있으면서
소리 없이 숭고한 음향을 들려주는
따스하고 밝은 그 고요함이 있다

그대의 푸른 눈으로

하이네

그대의 푸른 눈으로
사랑스럽게 바라보면
나는 그만 황홀해서
아무 말을 못한다

그대의 푸른 눈을
어디로 가는지 생각한나
푸르른 생각의 바다가
내 마음에 가득 차 있다

그대의 품에

베르 아아란

고요히, 고요히, 좀더 고요히
그대의 품에 나를 안아 주오
내 더운 이마를, 피곤한 두 눈을
그대는 나의 즐거운 새벽
그대의 손길에는 새벽의 애무가 있고
그대의 상냥한 말에는 서광이 있다
그대가 있기에 나는 고뇌를 잊고
날마다 새롭게 살아간다

그대처럼 아름다운 여인은 없으리

바이런

미의 신이 창조한 여인은 많지만
그대와 같은 매력을 지닌 이는 없으리라
그대의 고운 목소리를 들으면
물 위로 걷는 풍악소리처럼 들리고
그 소리에 바다도 매혹되어
숨소리 죽이고 잠잠할 것이리라
물결은 고요히 누워서 빛나고
바람은 꿈을 꾸는 듯 잠들고

깊은 밤 달빛은 바다 위에
빛나는 황금의 그물을 엮고
바다는 고요히 잠자는
그의 가슴에 부드럽게 일렁인다
그렇듯 내 마음 고개 숙이고
가슴 가득히 순한 정 벅차올라
여름날 바다의 차오르는 파도같이
귀를 기울이고, 그대를 동경한다

그리움이여

괴테

아 당신을 향한 변함없는 그리움이여
당신도 변함없이 내가 그리운지요
아니, 이러한 진실을
나는 이미 의심하지 않아요
아 당신이 멀리 있으면
나는 진실로 깊이깊이
그대를 사랑하고 있음을 느껴요

기억해 주세요

로제티

날 기억해 주세요, 나 가고 없을 때
머나먼 나라로, 나 영영 가버렸을 때
당신이 더 이상 내 손을 잡을 수 없고
나도 가던 길을 돌아서 멈출 수 없을 때.
날 기억해 주세요, 당신이 꿈꾼 우리들의 미래를
날마다 내게 들려 줄 수 없을 때.

꼭 기억해 주세요, 그때 가서 생각하거나
기도한다면 이미 늦을 거라는 건 당신도 알지요.
그러나 행여 당신이 나를 잠시나마 잊어야 할 때가
있을지라도 그 후에 다시 기억해 주세요.

가슴 아파하질랑 말고
내가 품었던 생각들을 조금도 슬퍼 마세요.
나를 잊어버리고 웃는 것이
추억하며 슬퍼하는 것보다 훨씬 나을테니까요.

꽃다발 손수 엮어서

롱사르

꽃다발 손수 엮어서
보내는 이 꽃송이들
지금은 한껏 피었지만
내일은 덧없이 지리

그대여 잊지 마오
꽃처럼 어여쁜 그대도
세월이 가면 시들고
꽃처럼 덧없이 진다는 것을

세월은 간다 세월은 간다
세월만 가는가 우리도 간다
세월이 지나 땅속에 묻힌다

애타는 사랑도 죽은 뒤에는
속삭일 상대 없어지느니
내 꽃 그대여 사랑하세나

꽃이 하고픈 말

하이네

새벽녘 숲에서 꺾은 제비꽃
이른 아침 그대에게 보내 드리리
해질 무렵 꺾은 장미꽃도
저녁에 그대에게 갖다 드리리

그대는 아는가
낮에는 진실하고
밤에는 사랑해 달라는
그 예쁜 꽃들이 하고픈 말을

꿈길밖에 길이 없어

황진이

그리워라,
내 님 만날 길은
꿈길밖에 없어

내가 님 찾아 떠났을 때
님은 나를 찾아오셨네

바라거니,
언제일까 다음날 밤 꿈에는
일시에 같이 떠나
오가는 길에서 만나지기를

꿈속에서 나는 울었나니

하이네

꿈속에서 나는 울었나니
그대와 사별한 꿈이었었네
꿈에서 깬 뒤에도 나의 뺨에는
뜨거운 눈물이 흘러 내렸네

꿈속에서 나는 울었나니
당신에게 실연당한 꿈이었었네
꿈에서 깬 뒤에도 잠시 동안은
여전히 흐느끼며 계속 울었네

꿈속에서 나는 울었나니
당신에게 사랑받는 꿈이었었네
꿈에서 깬 뒤에도 언제까지나
기쁨에 겨워서 계속 울었네

나 이제 그대를

엘뤼아르

나는 앞을 바라보았습니다
군중 속에서 그대를 보았고
밀밭 사이에서 그대를 보았고
나무 그늘 아래서 그대를 보았습니다

내 모든 여정의 끝에서
내 모든 고통의 밑바닥에서
물속에서 불속에서
내 모든 웃음소리가 굽이치는 곳에서
그대를 보았습니다

여름에 겨울에 그대를 보았고
내 집에서 그대를 보았고
내 두 팔 사이에서 그대를 보았고
내 꿈속에서 그대를 보았습니다

나 이제 그대를 떠나지 않을 것입니다

나는 꽃속을 거닐고 있다

하이네

나는 꽃 속을 거닐고 있다
너로 인해
마음도 꽃도 활짝 피어나
마치 꿈꾸듯이 거닐고 있다
한 걸음 한 걸음 휘청거리며

아아, 사랑아 날 놓지 말지니
안 그러면 사랑에 취한 나머지
나는 네 발 아래 쓰러질 듯하다
많은 사람들이 쳐다보는 이 정원에서

나는 사랑하노니

레르몬또프

나는 사랑하노니 나의 아가씨가
스스로의 괴로움에 얼굴 붉힐 때
사나운 비바람과 우뢰 앞에서
불타오르는 저녁 노을과 같이

나는 사랑하노니 달 밝은 숲에
그대 입술을 스치는 가을의 입김
황금 줄을 걸친 거문고가
서늘한 바람결에 속삭이듯이

허나 내 눈은 사랑하노니
기도 속에 흐르는 그대의 눈물
티 없는 천사가 신의 아들의
괴로움을 바라보며 괴로워하듯이

나무 그늘에 앉아

울란트

여기 나무 그늘에 앉아
새들의 노래를 듣고 있으면
그 노래가 가슴에 깊이 스민다
아-아 우리의 사랑을 그대도 아는가
이렇게 먼 마을에서

여기 시냇가에 앉아
바라보는 꽃 향기의 감미로움이여!
이 향기를 뉘라서 보내었는가?
멀고 먼 고향의 그 사람이
마음을 함뿍 담아 보내었을까

나의 연인은

조이스

나의 연인은 가벼운 옷을 입고
사과나무 사이에 있다
그곳에 밝고 따스한 바람들이
급하게 몰려 지나간다

거기 밝고 따스한 바람들이 지날 때,
잎새에게 속삭이려 망설일 때
나의 연인은 천천히 간다
몸을 숙이고 풀밭 위의 그림자로

하늘이 연푸른 컵이 되어
웃음의 대지에 쏟아질 때
나의 연인은 가볍게 간다
우아한 손으로 드레스를
걷어 안고는

내 마음은 사랑을 가졌어라

하이네

바다는 진주를 가졌고
하늘은 별들을 가졌고
내 마음은 사랑을 가졌어라

바다와 하늘은 크기도 하지만
내 마음은 더욱 크고
진주보다 별보다 더 아름답게
빛나는 건 내 사랑이어라

그대 가냘프고 귀여운 소녀여
크나큰 내 마음으로 오렴
내 마음과 바다와 하늘마저도
사랑을 애타게 부른다오

내 가진 것 모두 그대에게 주었으니

스윈번

그대여 내게 더 바라지 말아주오
내 가진 것 모두 그대에게 주었으니
아직 더 값진 것이 남아 있다면
모두 그대 발밑에 내어드리리
그대를 행복하게 할 뜨거운 사랑과
그대를 도와 부르게 할 노래를

단 한번 그대 옷깃에 스칠지라도
그대의 사랑 가슴 깊이 느끼고
사랑의 속삭임을 들을 수 있다면
나에게 아까운 것은 없으리

그대를 사랑하고 그대 숨결 느끼며
하늘을 나는 그대의 날개에 쓸리고
고운 그대의 발에 밟힌다면…….

하지만 내 가진 것 사랑밖에 없으니
오직 사랑만을 그대에게 드리리
더 값진 것을 가졌거든 그에게로 가오
더 귀한 것을 가졌거든 그에게로 가오
내 가진 것 오직
그대 발 밑에 놓은 붉은 빛의 심장뿐이니

내 노래에 날개가 있다면

위고

내 노래에 날개가 있다면
여름처럼 아름다운 나의 노래를
당신 꽃밭에 보내 드릴 것을
하늘로 날아가는 새들처럼
내 노래에 날개가 있다면

내 노래에 날개가 있다면
하늘에서 번쩍이는 번갯불처럼
당신 웃음 짓는 화롯가를 찾아갈 것을
저 하늘의 천사들처럼
내 노래에 날개가 있다면

내 노래에 날개가 있다면
그대 집 등넝쿨 아래에 가서
밤이 새도록 기다릴 것을
길을 재촉하는 사랑의 날개가 있다면

내 사랑은

도를레앙

내 사랑은
장미와 은방울꽃,
접시꽃도 피어나는
작고 예쁜 정원 안에 있어요

작은 정원은 즐겁고
온갖 꽃들이 피어 있어요
그것은 밤낮으로
연인인 내가 지키지요

새벽마다 슬프게 노래하는
나이팅게일의 달콤한 꿈을
보아요
그리고 지치면 그녀는
쉰답니다

어느 날 그녀가 푸른 목장에서
바이올렛 꽃을 따는 것을 보았어요
아주 짧은 순간이었지만
나는 그만 그녀의 아름다움에
빠져버렸어요

나는 그녀의 모습을 그립니다
우유처럼 뽀얗고
어린 양처럼 순하고
장미처럼 붉은 그녀의 모습을

내 사랑을 바치겠습니다

베케르

우리를 알고 있는 사람들에게
당신이 나에 대해
어떤 말을 했는지 내가 알 수 있다면
내게 얼마 남지 않은 인생에서
나 당신에게 가장 좋은 나날들을
아낌없이 바치겠습니다

당신이 혼자 있을 때
당신이 나에 대해
어떻게 생각하는지 알 수만 있다면
그리고 내 생명,
또한 내게 허락될지 모를
영원한 삶도 당신을 위해 바치겠습니다
나 당신 위해 영원토록
내 사랑을 바치겠습니다

내가 만일 너를

괴테

내 사랑 릴리!
내가 만일 너를
사랑하지 않는다면
이 경치가 그 어떤 기쁨을
줄 수 있었으랴!
내가 만일 너를
사랑하지 않는다면
나는 그 어디서 행복을
찾을 수 있었을까?

내가 만일

헤르만 헤세

내가 만일
사랑이 어떤 것인지를
알게 된다면
그것은
오직
당신 때문이라오

내가 얼마나 당신을 사랑하고 있는지

모파상

내가 얼마나 당신을 사랑하고 있는지
당신에게 알려줄 수 있다면 좋으련만
항상 그 방법을 찾고 있지만
도무지 찾지를 못하겠어요

나는 나만이 발견한 당신 안에 존재하는
그대의 진실한 모습을 사랑합니다
그것은 다른 사람들이 찬미하는
겉모습의 당신을 초월하는
겉모습 안에 감추어져 있는 존재입니다

당신 내부에 있는 특별한 존재는
오로지 나의 것이며
영원히 변하지 않는 존재이기에
나는 사랑하지 않을 수 없습니다

내가 한 떨기의 꽃이라면

헤세

내가 한 떨기의 꽃이라면
살며시 당신이 다가 오셔서
당신 것으로
당신의 손으로 꺾으신다면

내가 한 잔의 포도주라면
당신 입에 달콤하게 흘러 들 수 있다면
온전히 당신 속에 들어가 버려
당신과 내가 싱싱해진다면

너는 한 송이 꽃과 같이

하이네

너는 한 송이 꽃과 같이
이토록 귀엽고 예쁘고
깨끗하여라

너를 보고 있으면
서러움은 나의 가슴 속까지
스며드누나

하나님이 너를 언제나 이대로
밝고 곱고 귀엽도록
지켜주시기를

네 머리 위에 두 손을 얹고
빌고만 싶어 지누나

너를 위해

히메네스

너를 위해 나는
언제나 꽃이고 싶다
꽃잎을 달고 있는
끝없이 풍요한 꿈이
밤이 끝나고
새벽과 함께 필 때
그 꿈의 정수를
한꺼번에 활짝 피우는
꽃이고 싶다

너에게 키스한다

데이델

구름 봉우리에서 주저하며
달의 창백한 손길에서
빛살이 땅위로 흐르고
나의 모든 정열을 감싼다

흔들리는 작은 빛이 숲을 지나
시냇가에 머물고
어둔 물결이
빛의 입맞춤에 전율한다
마음이여 들었는가
키스해요 키스해요 라는
파도의 속삭임을
아가씨여
나는 주저하면서 힘차게
너에게 키스한다

네가 내게 입맞춤하고

프레베르

네가 내게 입맞춤하고
내가 네게 입맞춤하고
그 영원의 한순간은
천 년 만 년 걸리더라도
말로 다 못하네
겨울 햇살 내리는 아침
몽스리 공원의 일이었네
몽스리 공원은 파리의 안,
파리는 지구 위 도시 하나,
지구는 하늘의 무수한
별들 중의 하나

눈보라 치더라도

하이네

창밖에는 눈이 내리고
눈보라와 바람 거세게 불어도
내 방 들창 몹시도 흔들린다 해도
나는 전혀 탄식하지 않네
그대 모습 이 내 가슴에 있어
봄날의 즐거움만 가득하기에

님의 얼굴

한용운

님의 얼굴을 〈어여쁘다〉고 하는 말은
적당한 말이 아닙니다.
어여쁘다는 말은 인간 사람의 얼굴에 대한 말이오,
님은 인간의 것이라고 할 수가 없을만치
어여쁜 까닭입니다.

자연은 어찌하여 그렇게 어여쁜 님을
인간으로 보냈는지
아무리 생각하여도 알 수가 없습니다.
알겠습니다. 자연의 가운데에는 님의 짝이 될 만한
무엇이 없는 까닭입니다.

님의 입술 같은 연꽃이 어디 있어요.
님의 살빛 같은 백옥(白玉)이 어디 있어요.
봄 호수에서 님의 눈결 같은 잔물결을 보았습니까.
아침별에서 님의 미소(微笑)같은
방향(芳香)을 들었습니까.
천국의 음악은 님의 노래의 반향입니다.
아름다운 별들은 님의 눈빛의 화현(化現)입니다.

아아! 나는 님의 그림자여요.
님은 님의 그림자 밖에는 비길만한 것이 없습니다.
님의 얼굴을 어여쁘다고 하는 말은
적당한 말이 아닙니다.

당신 곁에

타고르

하던 일 모두 뒤로 미루고
잠시 동안 당신 곁에 앉아
있고 싶습니다

잠시 동안만 당신을 못 보아도
마음에는 어느덧 안식 사라져 버리고
내가 하는 일 그 모두
고뇌의 바다에 있는
끝없는 번민이 되고 맙니다

한낮의 여름이 한숨 쉬며
창가에 와 머물러 있습니다
꽃 핀 나뭇가지 사이에서는
꿀벌들이 잉잉거리며
노래하고 있습니다

임이여 어서 당신과 마주 앉아
목숨 바칠 노래를 부르렵니다
신비스러운 침묵으로 가득 싸인
이 한가로운 시간 속에서

당신을 사랑하기에

헤세

당신을 사랑하기에
밤이면 나는 그토록 설레며
당신께 속삭였지요
당신이 나를 영원히 못 잊도록
당신의 마음을 가져왔지요

당신의 마음은 나와 함께 있으니
좋든 싫든 오직 내 것이이요
설레며 불타오르는 내 사랑 때문에
어느 천사라도
당신을 데려가진 못해요

당신을 어떻게 사랑하느냐구요?

브라우닝

당신을 어떻게 사랑하느냐구요?
헤아려 보죠
비록 그 빛이 안 보여도 존재의 끝과
영원한 영광에 내 영혼 이를 수 있는
그 도달할 수 있는 곳까지 사랑합니다
태양 밑에서나 또는 촛불 아래서나
나날의 얇은 경계까지도 사랑합니다

권리를 주장하듯이 자유롭게 당신을 사랑합니다
칭찬에서 돌아서듯이 순수하게 당신을 사랑합니다
옛 슬픔에 쏟았던 정열로써 사랑하고
내 어릴적 믿음으로 사랑합니다
세상 떠난 성인들과 더불어 사랑하고
잃은 줄만 알았던 사랑으로써 당신을 사랑합니다
내 한 평생 숨결과 미소와 눈물로써
당신을 사랑합니다
하나님의 부름을 받더라도
죽어서 더욱 사랑할 것입니다

그대를 향한 나의 사랑은

로제티

당신을 향한 나의 사랑은
헤아릴 수 없습니다
바다의 깊이를 알 수 없듯이
하늘에 떠있는 별의 높이를 알 수 없듯이
당신이 나에게 주신 기쁨은
헤아릴 수 없습니다
영원의 끝을 알 수 없듯이
붉게 지는 노을의 설움을 알 수 없듯이
헤아릴 수 없습니다
당신을 향한 나의 사랑은

당신의 눈 속에

다우텐다이

당신의 고요한 눈 속에 나를 쉬게 해 주세요
당신의 눈은 지상에서 가장 고요한 곳입니다

당신의 까만 눈동자 속에 살고 싶습니다
당신의 눈길은 부드러운 밤처럼 평화롭습니다

나는 지상의 검은 지평선을 떠나
오직 한 걸음에 하늘에 오를 수 있습니다
당신의 눈 속에서 나의 세계는 끝납니다

당신이 나를 영원케 하셨으니

타고르

당신이 나를 영원케 하셨으니,
그것은 당신의 기쁨입니다
이 연약한 그릇을 당신은
자꾸 비우시고,
다시금 언제나 새로운 삶으로
채우십니다
이 작은 갈잎피리를 언덕과 골짜기로
옮겨 놓으셨습니다
그리고 그 피리를 통해
영원히 새로운 멜로디를 불어 내셨습니다
불멸하는 당신의 손길에
내 작은 가슴은 기쁨으로 떨리고,
막혔던 말문이 열립니다
당신의 무한한 선물은 오로지
내 하찮은 두 손을 통해서만
내게 옵니다
세월은 가도 당신은 여전히 부우시니,
채울 자리는 여전히 남아 있습니다

미아 내 사랑

다리오

미아 네 이름 아름답다
미아 태양 빛
미아 장미와 불꽃

내 영혼 위에
향기를 보낸다
넌 날 사랑한다
오오 미아 오오 미아

여자인 너와
남자인 나를 녹여
넌 두 개의 동상을 만든다

외로운 너
외로운 나
목숨이 있는 한
미아 내 사랑

밤의 파리

프레베르

어둠 속에서
세 개피의 성냥을
하나씩 켠다
하나는
네 얼굴을 단번에 보기 위하여
또 하나는
네 눈을 보기 위하여
그리고 마지막은
네 입술을 보기 위하여
그리고 그 뒤의 어두움은
그 모두를 생각하기 위하여
힘껏 너를 껴안으면서

보여줄 수 있는 사랑은 아주 작습니다

칼릴 지브란

보여 줄 수 있는 사랑은
아주 작습니다
그 뒤에 숨어 있는
보이지 않는 위대함에
견주어 보면

볼에 볼을 맞대고

하이네

볼에 볼을 맞대면
눈물이 함께 흐르고
가슴을 서로 맞대면
불길이 함께 타오르겠지요

우리의 눈물이 강물 되어
타오르는 불길로 흘러갈 때
내 팔로 그대 힘껏 껴안고
애타는 사랑에 죽고말 거야!

봄이 오면

보카쵸

나는 젊은 몸, 봄이 오면
가벼이 사랑의 마음 되어
감미로운 사모의 노래 부른다

푸른 목장을 가면
하얀 빛, 노란 빛, 분홍 빛,
가시돋힌 장미랑 흰 백합 온갖 꽃들
나는 그 행복을 빌고,
언제나 한결같이 그리운 그대
어찌 들에 핀 꽃에 비하랴

그대의 모습 닮은 꽃을 보면
꺾어 향기 맡고 가슴에 품고
말로는 다 못할 그리운 마음
꾸밈없이 그대로 말해버릴까
그리고 나머지 꽃 엮어서
그대에게 꽃다발 만들어 줄까

눈에 스며드는 자연의 꽃들
이 기쁨은 내 가슴을
그대 모습 보듯 기쁘게 하네
꽃향기 같은 이 기쁨은
말로는 다 할 수도 없고
오직 나 홀로 한숨지을 뿐

한숨은 또 다른 여인네들의
슬픔과 바뀌어져
뜨겁고 선명하게 새어나와
사랑스런 그대 가슴 적시면
그대 깨닫고 걸음 바쁘게
내게로 뛰어 올 때, 나는 그대 부른다
아아, 오라 그대여 나를 위하여

붉고 귀여운 입술을 가진 아가씨

하이네

붉고 귀여운 입술을 가진 아가씨
달콤하고 시원스런 눈을 가진 아가씨,
나의 사랑스런 어린 아가씨,
언제나 나는 너를 잊지 않는다

이 긴 긴 겨울밤을
네 곁에 있고 싶다
너와 나란히 정든 방에 앉아
이야기 하고 싶다

네 작은 하이얀 손을
나는 입에 가져다 대고
그 손을 눈물로 적시고 싶다

붉고 붉은 장미

번즈

오오 내 사랑은 유월에 갓 피어난
붉고 붉은 장미꽃
오오 내 사랑은 감미롭게 연주되는
아름다운 노래 가락

귀여운 사람아, 네가 고운 만큼
내 사랑도 그만큼 깊단다
바닷물이 모조리 말라 버려도
나는 너를 사랑하리라

바닷물이 모조리 말라 버리고
바윗돌이 햇볕에 녹아 버린다 해도
내 생명이 붙어 있는 한에는
진정이다, 나는 너를 사랑하리라

가슴은 쓰라려도 이제 이별해야 하노니
그러나 잠시 동안의 헤어짐이다
나는 다시 돌아오련다
비록 천리 만리 길 멀다 하여도

사랑

바울

사랑은 오래 참고
사랑은 온유하며
투기하는 자가 되지 아니하며

사랑은 자랑하지 아니하며
교만하지 아니하며
무례히 행치 아니하며

자기의 이익을 구하지 아니하며
성내지 아니하며
악한 것을 생각지 아니하며
불의를 기뻐하지 아니하며

진리와 함께 기뻐하며
모든 것을 참으며
모든 것을 믿으며
모든 것을 바라며
모든 것을 견디느니라

사랑은 언제까지나
떨어지지 아니하나
예언도 폐하고
방언도 그치고
지식도 폐하리라

그린즉 믿음, 소망, 사랑
이 세가지는 항상 있을진내
그 중에서 제일은 사랑이니라

사랑

한용운

봄물보다 깊으니라
갈산(秋山)보다 높으니라
달보다 빛나리라
돌보다 굳으리라
사랑을 묻는 이 있거든
이대로만 말하리

사랑은 조용히 오는 것

벤더빌트

사랑은 조용히 오는 것
외로운 여름과
거짓의 꽃이 시들고도
기나긴 세월이 흐를 때

사랑은 천천히 오는 것
얼어붙은 물속으로 파고드는
밤하늘의 총총한 별처럼
살포시 송이송이
내려앉는 눈처럼
조용히 천천히
땅 속에 뿌리박은 밀

사랑의 열정은
느리고 조용한 것
내려왔다 치솟는 눈처럼
사랑은 살며시 뿌리로
스며드는 것
조용히 씨잇은 씩을 띄운다
달이 기지낫이 천천히

사랑은

클라우디우스

사랑을 방해하는 것은 아무 것도 없다
사랑은 문도 빗장도 문제 없다
사랑은 무엇이든지 밀치고 나간다
사랑은 시작이 없다
사랑은 오래전부터 나래를 파닥이고 있었다.
사랑은 끊임없이 나래를 파닥거린다

사랑의 노래

쉴러

나의 고향은 어디에 있을까요?
나의 고향은 작은 마을입니다
이곳에 있다가 저곳으로 옮겨 갑니다
나의 마음을 안고 갑니다
기쁨과 슬픔을 함께 줍니다
나의 고향은 바로 당신입니다

사랑의 말을 들려주세요

브라우닝

한번 더 들려주세요 사랑의 말을
다시 한번 더 그 말을
님에게는 뻐꾸기 울음같이 들리겠지만,
기억해 두세요
뻐꾸기 울음 없이는 결코 상큼한 봄이
연록빛 치장을 하고 산이나 들에,
계곡과 숲에 찾아오지 않아요
님이여, 칡흙 같은 어둠 속에서
믿기 어려운 영혼의 목소리를 들은 저는
그 의심의 틈바구니 속에서
〈다시 한번 더 들려주세요 사랑의 말을〉
하고 바래 봅니다
온갖 별들이 제작기 하늘을 수놓는다 해도
너무 많다고 두려워할 사람이 어디 있겠어요?
온갖 꽃들이 저마다 사철을 장식한다 해도
너무 많다고 두려워할 사람이 어디 있겠어요?
〈사랑해, 사랑해, 정말 사랑해〉라고 들려 주세요
그 달콤한 말을 자꾸 들려주세요
다만 잊지는 마셔요
말없이 영혼으로도 사랑한다는 것을

사랑이란 이 세상 모든 것

디킨슨

사랑이란 이 세상 모든 것
사랑이라고 알고 있는 모든 것
하지만 우리는 그 사랑을
각자의 마음 깊이 만큼밖에는
품지 못하네

사랑하는 까닭

한용운

내가 당신을 사랑하는 것은
까닭이 없는 것이 아닙니다
다른 사람들은
나의 홍안만을 사랑하지마는
당신은 나의 백발도
사랑하는 까닭입니다
내가 당신을 그리워하는 것은
까닭이 없는 것이 아닙니다
다른 사람들은
나의 미소만을 사랑하지마는
당신은 나의 눈물도
사랑하는 까닭입니다
내가 당신을 기다리는 것은
까닭이 없는 것이 아닙니다
다른 사람들은
나의 건강만을 사랑하지마는
당신은 나의 죽음도
사랑하는 까닭입니다

사랑하는 마음

하이네

나는 너를 사랑해
예전에도 지금도
온 세상이 파편 더미 속에서
가루가 되어 사라진다 해도
너를 사랑하는 마음은
영원히 타오르리

사랑하는 사람 가까이

괴테

희미한 햇빛 바다로부터 비쳐올 때
나는 그대 생각하노라
휘영청 달빛 샘물에 번질 때
나는 그대 생각하노라

저 멀리 길에서 아스라이 먼지가 일면
나는 그대 모습 보노라
어두운 밤 오솔길에 나그네가 몸을 떨 때
나는 그대 모습 보노라

물결 높았다가 출렁이는 소리 아득할 때
나는 그대 목소리 듣노라
고용한 숲속 침묵의 경계를 거닐며
나는 귀를 기울이노라

나는 그대 곁에 있노라,
비록 멀리 떨어져 있어도
그대 내 가까이 있으니
해 저물면 별이 나 위해 반짝이리
오오 그대 여기 있다면

사랑하는 사람이여

롱펠로우

사랑하는 사람이여, 편히 쉬세요
내 그대를 지키러 여기에 왔습니다
그대 곁이라면
그대 곁이라면
혼자 있어도 나는 기쁩니다

그대의 눈동자는 아침의 샛별
그대의 입술은 한 송이 빨간 꽃
사랑하는 사람이여, 편히 쉬세요
내가 싫어하는 시계가
시간을 헤아리고 있는 동안에

사랑하는 이여, 내가 죽거든

로제티

사랑하는 이여, 내가 죽거든
나를 위해 슬픈 노래를 부르지 마세요.
머리맡에 장미 심어 꽃 피우지 말고
그늘지는 사이프러스도 심지 마세요.
비를 맞고 이슬에 젖어서,
다만 푸른 풀만이 자라게 하세요.
그대가 원한다면 기억해 주시고,
아니, 잊으려면 잊어 주세요.

나는 나무 그늘도 보지 못하고,
내리는 비도 느끼지 못할 거예요.
나이팅게일의 구슬픈 울음 소리도
나는 듣지 못할 거예요.
아무것도 들리지 않고, 또 보이지 않는
희미한 어둠 속에 누워 꿈을 꾸며
나는 그대를 생각할 거예요.
아니, 어쩌면 잊을지도 몰라요.

사랑해 주시지 않으렵니까

브라우닝

사랑해 주시지 않으렵니까
그대여
기다리고 있어요,
그대의 사랑이 자라나기를
가슴에 꽂은 꽃은 그대의 꽃,
그것은 유월이 사월의 꽃을
키운 기예요

손에 쥔 씨앗을 하나 둘
뿌립니다
싹이 나 꽃으로 피어나는 것을
그대는 버리시지 않겠지만
사랑이란 것 …
아니 사랑과 비슷한 것

사랑의 죽음을 바라보아 주세요
무덤가의 꽃은 한 송이 바이올렛
그대의 눈짓 한 번이
천만번의 괴로움을 지워 없애요
죽음이란 아무 것도 아니에요…
그대여, 사랑해 주시지 않으렵니까

산비둘기

콕토

두 마리의 산비둘기가
진심으로
서로 사랑을 했습니다

그 나머지는 말할 수 없습니다

생 일

로제티

내 마음은 물 오른 나뭇가지에 둥우리를 틀고
노래하는 한 마리 새
내 마음은 주렁주렁 맺힌 열매로
휘늘어진 사과나무
내 마음은 잔잔한 바다 속에서 헤엄치며
노니는 무지개 빛 조개
내 마음은 이 모든 것보다 더 기뻐요
내 사랑이 나를 찾아왔으니까요

날 위해 비단과 털솜으로 단을 세우고
그 단에 모피와 자줏빛 천을 걸쳐 주세요
비둘기와 석류를 예쁘게 수놓고
눈 많은 공작도 아로새기고
금빛 은빛 포도송이와
잎사귀와 백합화를 수놓아 주세요
내 생애의 생일이 왔으니까요
내 사랑이 나를 찾아왔으니까요

선 물

아폴리네르

당신이 만일 원하신다면
나는 당신께 드리겠습니다
나의 그 명랑한 아침과
또한 당신이 좋아하는
나의 빛나는 머리카락과
나의 푸르스름한 금빛 눈을

당신이 만일 원하신다면
나는 당신께 드리겠습니다
아침에 눈뜰 때
따사로운 햇살 비추는 곳에서
들려오는 모든 소리와
그 근처에 있는 분수에서
들려오는 물줄기의 감미로운 소리를

이윽고 찾아오는 저녁노을과
내 쓸쓸한 마음으로 물들인 저녁
또한 조그만 내 손과
그리고 당신의 마음 가까이에
놓아 두어야할 나의 마음을

소녀에게

린지

너는 떠오르는 해
아니 해 대신 떠오르는 별
너는 떠오르는 달이어라
아니 달무리 속에 빛나는 별인가
너는 봄이야
아니 사과나무 가지에 달린
봄이 붉은 사과인가
너는 내 사랑이어라
지금 네 싱그러운 눈과 같이
네 마음 상냥하다면

소 년

윤동주

여기저기서 단풍잎 같은
슬픈 가을이 뚝뚝 떨어진다.
단풍잎 떨어져 나온 자리마다
봄을 마련해 놓고
나뭇가지 위에 하늘이 펼쳐 있다.
가만히 하늘을 들여다
보려면 눈썹에 파란 물감이 든다.
두 손으로 따뜻한 볼을
씻어보면 손바닥에도
파란 물감이 묻어난다.
다시 손바닥을 들여다본다.
손금에는 맑은 강물이 흐르고,
강물 속에는 사랑처럼 슬픈 얼굴-
아름다운 순이의 얼굴이 어린다.
소년은 황홀히 눈을 감아본다.
그래도 맑은 강물은 흘러
사랑처럼 슬픈 얼굴-
아름다운 순이의 얼굴이 어린다.

아내

옥타이 리하트

소파는 너로 인해 정결하고
방은 너로 인해 명랑하다.
나의 마음은 기쁨으로 가득 차 있다.
너의 베드에서 일어난 아침.

사과의 반쪽은 너요 반쪽은 나
우리들의 밤, 우리들의 집,
우리들의 가정은 하나,
행복은 하나의 잔디,
네가 밟은 곳에서 끝나고,
고독, 그것은 네가 떠난 길에서 온다.

아름다운 아가씨

단테

아름다운 아가씨는 축제일 날
내 곁을 지나가게 되었습니다
아가씨가 내 곁을 지나갈 때
사랑의 여신은 우리를 시험했습니다

아가씨의 눈빛은 타오르는 불꽃처럼
반짝거렸고
내 마음에도 뜨거운 불길이 일어나
천사의 모습을 바라볼 뿐이었습니다
맑게 빛나는 아가씨의 눈에서
뜨거운 사랑의 목소리를 듣고
깨닫는 사랑의 마음에는
행복으로 가득합니다

아름다운 아가씨는 본래 천사였으나
나에게 행복을 가져다주기 위해
지상에 내려온 것으로 생각될 만큼
아가씨와의 만남은 행복하기만 합니다

연 인

엘뤼아르

그녀는 내 눈꺼풀 위에 서 있다
그리고 그녀의 머리칼은 내 머리칼 속에
그녀는 내 손의 모양을 가졌다
그녀는 내 눈의 색깔을 가졌다
그녀는 내 그림자 속에 안겨있다
마치 하늘에 던져진 조약돌처럼

그녀는 눈을 언제나 뜨고 있어
나를 잠들지 못하게 한다.
환한 대낮에 그녀의 꿈은
태양을 증발시키고
나를 웃기고, 또 울리고 웃기고,
별로 할 말이 없는데도 말하게 한다

오월의 노래

괴테

자연의 빛은 눈부시고
해는 빛나고 들은 웃는다

나뭇가지마다
꽃은 피어나고
떨기 속에서는
새가 지저귄다

넘쳐 흐르는
이 가슴의 기쁨
대지여 태양이여
행복이여 환희여

사랑이여 사랑이여
저 산과 산에 걸린
아침 구름과 같은
금빛 아름다움

그 크나큰 은혜는
신선한 들에
꽃들 위에 그리고
평화로운 땅에 넘친다

소녀여 소녀여
나는 너를 사랑한다
오오 반짝이는 네 눈동자
나는 너를 사랑한다

종달새가 노래와
산들바람을 사랑하고
아침에 핀 꽃이
향긋한 공기를 사랑하듯이

뜨거운 피 고동치나니
나는 너를 사랑한다
너는 내게 젊음과
기쁨과 용기를 부어라

새로운 노래로 그리고
춤으로 나를 몰고 가나니
그대여 영원히 행복하여라
나를 향한 사랑과 더불어

우리 둘이는

엘뤼아르

우리 둘이는 서로 손을 잡고
어디서든지 마음 속 깊이 서로 믿는다
그윽한 나무 아래서
그리고 어두운 하늘 아래서
모든 지붕 아래 화롯가에서도
햇빛이 담뿍 내리쬐는 조용한 거리에서도
많은 사람들의 그 망망한 눈동자 속에서도
어진 사람이나 어리석은 사람의 곁에서라도
아이들이나 어른들의 틈에서라도
사랑에는 비밀이 없다
우리 둘이는 그 확실한 증거이다
사랑하는 사람들은
마음으로써 깊이깊이 서로를 믿는다

우리들은

다우텐다이

우리들은 바닷가 모래밭을 멀리까지
걸었습니다
다리가 아프도록, 손에 손을 잡고
바다가 한없이 커졌다가
우리들 걸음마다 작아졌습니다

우리들은 마침내 아주 작아져서
하나의 조개껍질 속으로 들어갔습니다
그 안에서 진주처럼 깊이 잠들고 싶었습니다
우리들은 진주처럼 오래 오래
아름답고 싶었습니다

우리의 사랑은

칼릴 지브란

당신을 처음 본 순간
나는 사랑을 알아버렸습니다
숨이 멎을 것 같은 떨림,
가슴 벅차오르는 깨달음,
그리고 너무나도 친숙한 느낌을
가지게 되었습니다

그리고 나의 사랑은 시작되었습니다
그 순간의 떨림은 지금까지도
내 가슴에 선명하게 새겨져 있습니다

달라진 것이 있다면
그날 이후 당신을 향한 나의 사랑이
더욱 더 간절하고 애틋해졌다는 것뿐입니다

영원에서 영원까지
당신을 사랑합니다
내가 이 세상에 태어나기 전부터
내가 당신을 만나기 전부터
나는 당신을 사랑하고 있었나 봅니다

당신을 처음 본 순간
나는 사랑을 알아버렸습니다
우리의 사랑은 운명이기에
이 세상 그 무엇도 우리 사이를
갈라놓을 수 없습니다

운명에 버림받고

세익스피어

운명에 버림받고 세상의 사랑 못 얻어
버림받은 내 신세를 한탄하며
대답 없는 하늘 향해 외쳐보고
자신을 돌아보며 운명을 저주하고,
희망에 찬 사람들을 부러워하고
잘 생긴 사람, 친구 많은 사람을 시기하고
이 사람의 재주, 저 사람의 능력을 욕심내며
내가 가진 것에 만족하지 못할 때,
자신을 경멸할 때도
문득 그대를 생각하면 내 서글픈 신세도
새벽녘 잠든 대지에서 깨어난 종다리 되어
천국의 문 앞에서 찬가를 부르네
달콤한 그대의 사랑을 생각하면
내 마음 기쁨으로 가득 채워지나니
이런 내 신세를 왕과도 바꾸지 않으리라

유월이 오면

브리지스

유월이 오면 온종일 나는
향기나는 풀섶에 임과 함께 앉아
산들바람 부는 하늘에 흰구름이 지어놓은
드높고 눈부신 궁전을 바라보련다.

그녀는 노래 부르고, 나는 노래 지어 주고
아름다운 시를 온종일 읊으련다.
건초집 속에 단둘이 누워 있으면
아, 인생은 즐거워라, 유월이 오면.

이 보다 더 큰 사랑은

카미첼

갈 때도 있을 때도
살아서도 죽어서도
세상에 보여주오
우리 모두에게는
한 친구가 있음을
기도하고 염려하며
손 빌리며 함께하며
주님의 사랑은 영원하오

이보다 더 큰 사랑은 없으리오
이보다 더 큰 사랑은 없으리오
다른 생명을 구하기 위해
자기 생명을 바친 사랑이기에
이보다 더 큰 사랑은 없으리오
이보다 더 큰 사랑은 없으리오
주여, 언제나 형제 도울 마음을
솟게 하시옵소서!

이리 오세요!

위고

이리 오세요!
눈에는 보이지 않는 피리가
과수원에서 한숨 쉽니다
가장 평화로운 노래는
목동의 노래입니다

바람은 떡갈나무 아래서
우울한 거울 같은 물에
잔물결을 일게 합니다
가장 즐거운 노래는
새들의 노래입니다

어떤 근심에도 괴로워해서는
안 됩니다
우리 사랑합시다!
사랑합시다 언제 까지나!
가장 매혹적인 노래는
사랑의 노래입니다

이른 봄날에

톨스토이

새싹 아직 여리고
시냇물은 흐르고, 햇살은 밝고,
숲의 그림자는 엷고,
아직 때 이른 봄날에

목동의 피리소리 아직
아침마다 맑게 울리지 않고
숲 속의 햇고사리
아기의 손결 같은
아직 때 이른 봄날에

자작나무 그늘 아래
미소 지으며 눈길 드리우고
내 앞에 선 그대

나의 사랑을 잠자코 받아들여
살짝 눈 감은 그대
목숨이여 숲이여 햇살이여
아아, 청춘이여 동경이여

사랑스러운 그대 모습을
바라보면서
나는 눈물로 뺨을 적시고 있었다
아직 이른 봄날
자작나무 그늘 속
아득한 옛 청춘 시절
흐르는 눈물이여 행복이어
숲이여 목숨이어
상쾌한 자작나무 향기여

장미도 백합도

하이네

장미도 백합도 비둘기도 태양도
지나간 날에는 무척 사랑했었지
그러나 지금에는 오직 한 사람
귀엽고 상냥하고 깨끗한 그녀가
나의 모든 사랑을 불타게 하는
장미요 백합이요 비둘기요 태양이지

질투는 사랑의 그림자

보카치오

질투는 사랑의 그림자
봄처럼 명랑한 웃음으로
나에게 올 사랑,
자랑스러운 공훈, 지혜와 용기를
겸하고 늠름하게 내게로 오실 임이기에
언제나 희망을 품고 살아갑니다
그러나 나를 무시한 채
내 사랑 빼앗아 가는 그림자 있나니
어찌 두려움에 내 떨지 않겠습니까?

지난날의 기쁨도 스러진 물거품이 되고
땅이 꺼질듯 한숨만 남습니다
내 오직 바라는 것은 그대의 마음
간사한 웃음에 흔들리지 않을
그대의 굳은 사랑의 의지
나는 그것을 깊게 믿고 싶습니다
제 아무리 달콤한 아양,
뜨거운 눈짓으로 당신을 꾀어
내 가슴에 아픔과 치욕을 주어도
그대 내 곁에서 빼앗지는 못할 것입니다

찬 바람이 그대에게 휘몰아친다면

번즈

저 너머 초원에서,
찬 바람이 그대에게 휘몰아친다면,
나 그대 감싸리다
내 외투로 부는 바람을 막으리다
또한 불행의 스산한 풍파가 그대에게
휘몰아친다면,
내 가슴이 그대의 안식처 되어
모든 괴로움 함께 하리라.

어둡고 황량한, 거칠고 메마른
황야에 있다고 해도
그대와 함께 있다면, 사막도 내겐
낙원이리라
또는 내가 이 세상의 군주가 되어
그대 함께 다스린다면,
내 왕관에 가장 빛나는 보석은
나의 왕비 그대이리라

카스타에게

베케르

네 한숨은 꽃잎의 한숨
네 음성은 백조의 노래
네 눈빛은 태양의 빛남
네 피부는 장미의 살결
사랑을 버린 내 마음에
너는 생명과 희망을 주었고
사막에 자라는 꽃송이같이
내 생명의 광야에 살고 있는 너

코스모스

윤동주

청초한 코스모스는
오직 하나인 나의 아가씨

달빛이 싸늘히 추운 밤이면
옛 소녀가 못 견디게 그리워
코스모스 핀 정원으로 찾아간다

코스모스는
귀또리 울음에도 수줍어지고
코스모스 앞에 선 나는
어렸을 적처럼 부끄러워지나니

내 마음은 코스모스의 마음이요
코스모스의 마음은 내 마음이다

키스로 나를 축복해 주는

헤세

키스로 나를 축복해 주는
너의 입술을 즐거운 나의 입술이
다시 만나고 싶어 한다
고운 너의 손가락을 어루만지며
나의 손가락에 깍지 끼고 싶다
내 눈의 목마름을 네 눈에서 적시고
깊숙이 내 머리를 네 머리에 묻고
언제나 깨어 있는 젊은 육체로
네 몸의 움직임에 충실히 따르며
늘 새로운 사랑의 불꽃으로,
천 번이나 너의 아름다움을
새롭게 하고 싶다
우리들의 마음이 평온해지고,
감사하며, 모든 괴로움을 넘어
행복하게 살 때까지
낮과 밤, 그리고 오늘과 내일에,
다정한 누이처럼 마주할 때까지
모든 현실을 넘어, 빛에 싸인 채
평화 속을 고요히 거닐 때까지

편지

윤동주

그립다고 써보니 차라리 말을 말자
그냥 긴 세월이 지났노라고만 쓰자
긴긴 사연을 줄줄이 이어
진정 못 잊는다는 말을 말고
어쩌다 생각이 났었노라고만 쓰자

그립다고 써보니 차라리 말을 말자
그냥 긴 세월이 지났노라고만 쓰자
긴긴 잠 못 이루는 밤이면
행여 울었다는 말을 말고
가다가 그리울 때도 있었노라고만 쓰자

하나가 되어 주세요

한용운

님이여, 나의 마음을 가지려거든
마음을 가진 나에게서 가져가셔요
그리하여 나로 하여금 님에게서
하나가 되게 하셔요
그렇지 아니하거든 나에게 고통만을
주지 마시고 님의 마음을 다 주셔요
그리고 마음을 가진 님에게서
나에게 주셔요
그래서 님으로 하여금 나에게서
하나가 되게 하셔요
그렇지 아니하거든 나의 마음을
돌려 보내 주셔요
그리고 나에게 고통을 주셔요
그러면 나는 나의 마음을 가지고
님이 주시는 고통을 사랑하겠습니다

12월의 밤

로렌스

너의 외투와 모자와 신발을 벗고
화톳불 앞에 앉자

여자가 한 번도 앉은 적이 없는
화톳불 가에
나는 너를 위해 화톳불을 빨갛게
피워 두었다

밖에 있는 것들은 어둠 속에
남겨 두고 화톳불 앞에 앉자

술은 따뜻하게 데워져 있다
하늘하늘 불꽃이 흔들린다

나는 너의 손발을 키스하여 녹이리
그것이 타는 듯 따뜻해질 때까지

화창한 봄날은

하이네

화창한 봄날은 돌아와서
꽃마다 봉오리는 피어나는데
내 가슴에 피어나는
사랑의 꽃봉오리는
언제나 피려나

화창한 봄날은 돌아와서
새마다 노래를 부르는데
임의 손목을 곁에 두고도
말 한 마디 못하는
뜨거운 마음이여

K

루티에프

애교스런 미소
머금은 입술과
그 빠알간 뺨
너의 밝은 눈동자는
마치 불꽃이 튈 듯하고
모든 것은
나를 향락으로 이끈다

아아 이 눈동자
정열로 불타고
가벼운 날개에 태워
사랑을 보내며
신비스런 힘으로
나의 마음을
사랑의 포로로 만든다

결 론

마야코프스키

사랑은 사라지는 것이 아니니
말다툼에도 거리감에도
검토도 조정도 점검도 끝났다
이제야말로 엄숙하게
서툰 시구로 맹세하오
나는 사랑하오
진심으로 당신을 사랑하오

눈부시게 아름다운 오월에

하이네

눈부시게 아름다운 오월
모든 꽃봉오리 피어날 때
나의 마음 속에도
사랑이 싹텄네

눈부시게 아름다운 오월
모든 새들이 노래 부를 때
나의 불타는 마음을
그녀에게 고백했네

당신의 파란 눈으로

하이네

당신의 파란 눈으로
사랑스럽게 바라보면
나는 그만 황홀해서
말을 못하네

당신의 파란 눈을
어디로 가든지 생각하네
파란 생각의 바다가
내 마음에 가득 차 있네.

어떻게 사랑하게 되었냐고 묻기에

바이런

"어떻게 사랑하게 되었느냐?"
그것을 제게 묻다니 가혹하군요
그 많은 눈길을 읽으시고도...
그대를 보는 순간 인생이 시작된 것을

더구나 사랑의 종말을 알고자 하시나요?
미래가 두려워 마음은 늘 제자리지만
사랑은 말없이 끝없는 슬픔의 끝을 헤매이며
숨지는 그날까지 살아 있는 것을...

꿈길밖에 길이 없어

황진이

그리워라,
내 님 만날 길은
꿈길밖에 없어

내가 님 찾아 떠났을 때
님은 나를 찾아오셨네

바라거니,
언제일까 다음날 밤 꿈에는
일시에 같이 떠나
오가는 길에서 만나지기를

눈동자

아나크레온

그녀가 지닌
눈동자의 상냥함은
이를테면
아직 젖 떨어지지 않은
어린 사슴과 같아

어미 사슴과
멀리 떨어져
수풀 속에서
무서움에 떨고 있는

밤의 꽃

아이헨 도르프

밤은 고요한 바다와 같다.
기쁨과 슬픔과 사랑의 고뇌가
얼기설기 뒤엉켜 느릿느릿하게
물결을 몰아치고 있다.

온갖 희망은 구름과 같이
고요히 하늘을 흘러가는데
그것이 회상인지 또는 꿈인지
여린 바람 속에서 그 누가 알랴.

별들을 향하여 하소연하고 싶다.
가슴과 입을 막아버려도
마음 속에는 여전히 희미하게
잔잔한 물결소리가 남아 있다.

미라보 다리

아폴리네르

미라보 다리 아래 세느 강이 흐르고
우리들의 사랑도 흘러간다
괴로움 뒤에는 기쁨이 온다는 것을
나는 또한 기억하고 있나니

밤이여 오라 종이여 울려라
세월은 흐르고 나는 머문다

우리들의 팔 밑으로
미끄러운 물결의
영원한 눈길이 지나갈 때
손에 손을 잡고서 얼굴을 마주보자

밤이여 오라 종이여 울려라
세월은 흐르고 나는 머문다

흐르는 강물처럼 사랑도 흘러간다
사랑도 흘러간다
생명이 유유히 흘러가듯이
희망이 강렬하듯이

밤이여 오라 종이여 울려라
세월은 흐르고 나는 머문다

해가 가고 달이 가고
흘러간 세월도 지나간 사랑도
두 번 다시 돌아오지 않는다
미라보 다리 아래 세느강이 흐른다

밤이여 오라 종이여 울려라
세월은 가고 나는 머문다

사랑은 조용히 오는 것

밴더빌터

사랑은 조용히 오는 것
외로운 여름과
거짓 꽃이 시들고도
기나긴 세월이 흐를 때

사랑은 천천히 오는 것
얼어붙은 물 속으로 파고드는
밤하늘의 총총한 별처럼
지그시 송이송이
내려앉는 눈과도 같이

아름다운 여인

헤르만 헤세

장난감을 받고서
그것을 바라보고 얼싸안고서,
기어이 부셔 버리고,

다음날엔 벌써 그를 준 사람조차
잊고 있는 아이와 같이,
당신은 내가 드린 내 마음을
고운 장난감 같이 조그만 손으로
장난을 하며,

내 마음이 고뇌에 떠는 것을
돌보지도 않습니다.

잊혀진 여인

마리 로랑상

권태로운 여인보다 더 불쌍한 여인은
슬픔에 젖은 여인입니다.
슬픔에 젖은 여인보다 더 불쌍한 여인은
불행을 겪고 있는 여인입니다.

불행을 겪고 있는 여인보다 더 불쌍한 여인은
병을 앓고 있는 여인입니다.
병을 앓고 있는 여인보다 더 불쌍한 여인은
버림받은 여인입니다.

버림받은 여인보다 더 불쌍한 여인은
쫓겨난 여인입니다.
쫓겨난 여인보다 더 불쌍한 여인은
죽은 여인입니다.

죽은 여인보다 더 불쌍한 여인은
잊혀진 여인입니다.

존 앤더슨

번 즈

나의 애인, 존 앤더슨
우리가 처음 서로 만났을 때
당신의 머리색은 검었었어요.
당신의 고운 이마는 판판했었어요.
그러나 이제 당신의 머리숱은 적어지고,
머릿결은 파뿌리 같아졌어요, 존.
그러나 당신의 서리 내린 머리에 축복 있어요,
나의 애인, 존 앤더슨.

나의 애인, 존 앤더슨
우리는 둘이 산을 올라온 것예요.
그리고 많은 유쾌한 날을,
서로 함께 가졌었어요, 존.
이제 우리는 내려가야겠어요,
손에 손을 잡고 가요, 존.
그리고서 산기슭에서 함께 잠들어요,
존 앤더슨, 나의 애인.

평생에 이 사랑 가지고

미 상

내 사랑 남 주지 말고
남의 사랑 탐치 마소
우리의 두 사랑에
행여 잡사랑 섯길세라
평생에 이 사랑 가지고
백년 동락하리라

그리워

김소월

봄이 다 가기 전,
이 꽃이 다 흩기 전
그린 님 오실까구
뜨는 해 지기 전에.

엷게 흰 안개 새에
바람은 무겁거니,
밤샌 달 지는 양지,
어제와 그리 같이.

붙일 길 없는 맘세,
그린 님 언제 뵐련,
우는 새 다음 소랜,
늘 함께 듣사오면.

클로버의 들판을

다우텐다이

옅은 자줏빛 클로버의 들판을 지나
두 그루의 전나무가 있는 곳까지 갑시다.
그 나무들 사이에는 벤치가 있고,
거기에는 부드러운 피리소리 같은
실개천이 흐르고 있습니다.
무성한 갈대숲을 파랗게 가르면서.

나에게 당신의 손을 주십시오.
두 그루의 전나무는 정말 조용히 서 있습니다.
나는 당신에게 고백하겠습니다.
주위의 고요가 숨기고 있는 것을.
나에게 당신의 손을 주십시오.
당신의 손에 당신의 마음을 담아서.

내 마음을 아실 이

김영랑

내 마음을 아실 이
내 혼자 마음 날같이 아실 이
그래도 어데나 계실 것이면

내 마음에 때때로 어리우는 티끌과
속임없는 눈물의 간곡한 방울방울
푸른 밤 고이 맺는 이슬 같은 보람을
보밴 듯 감추었다 내어드리지

아! 그립다
내 혼자 마음 날같이 아실 이
꿈에나 아득히 보이는가

향맑은 옥돌에 불이 달아
사랑은 타기도 하오련만
불빛에 연긴 듯 희미론 마음은
사랑도 모르리 내 혼자 마음은

우리들은

다우텐다이

우리들은 바닷가 모래밭을
멀리까지 걸었습니다.
다리는 아팠지만,
손에 손을 잡고……
우리들의 발걸음마다
바다가 한없이 커졌다가
작아졌습니다.

우리들은 마침내
아주 작아져서
하나의 조개껍질 속으로
들어갔습니다.
그 안에서 진주처럼
깊이 잠들고 싶어서,
우리들은 진주처럼
오래 아름답고 싶어서.

연가

헤세

내가 한 떨기의 꽃이라면,
살며시 그대가 다가오셔서
그대의 것으로
그대의 손으로 꺾으신다면.

빨간 한 잔의 포도주라면,
달콤하게 그대의 입에
흘러들 수 있다면,
온전히 그대 속에 들어가 버려
그대와 내가 싱싱해진다면.

애니 로리

더글러스

맥스웰튼의 언덕들은 아름답고
이슬이 일찍 내린다
여기서 애니 로리
내게 진실한 약속을 했었지
내게 진실한 약속을 했었지
이 일을 언제까지나 잊지 않으리
아름다운 애니 로리를 위해서라면
나는 기꺼이 죽으리

그녀 이마는 눈이 쌓인 언덕과 같고
그녀 목은 백조와 같아
그녀 얼굴은 무엇보다 아름다워
지금까지 해가 비췄던 얼굴 중에서
지금가지 해가 비췄던 얼굴 중에서
그리고 빛나는 그녀의 눈
아름다운 애니 로리를 위해서라면
나는 기꺼이 죽으리

들국화에 맺힌 이슬같이
요정처럼 가벼운 그녀의 발걸음
여름에 살랑대는 바람처럼
그녀의 목소린 조용하고 달콤해
그녀는 내게 있어 온 세상
아름다운 애니 로리를 위해서라면
나는 기꺼이 죽으리

나의 연인은

조이스

나의 연인은 가벼운 옷을 입고
사과나무 사이에 서 있다.
그곳에 밝은 바람들이
급하게 몰려 지나간다.

밝은 바람들이 스쳐가며,
잎새에게 속삭이려 망설일 때
나의 연인은 천천히 걸어간다.
풀밭 위에 그녀의 그림자를 드리우며.

푸르른 하늘에서 햇빛이
웃음 가득한 대지 위에 쏟아질 때
나의 연인은 가볍게 걸어간다.
우아한 손으로 드레스를 걷어 안고.

먼 마을에서

울란트

여기 나무 그늘에 앉아
새들의 노래를 듣고 있으면
그 노래가 가슴에 깊이 스민다.
아 아 우리의 사랑을 너도 아는가.
이렇게 멀고 먼 마을에서

여기 시냇가에 앉아
바라보는 꽃의 향기여!
이 향기를 누가 보내주었는가?
멀고 먼 고향의 그 사람이
마음을 가득 담아 보내었을까.

그리움이여

괴테

아, 그대를 향한
변함없는 그리움이여
그대에게도
변함없는 제가 되는지요
아니, 이 진실을
저는 의심하지 않아요
아, 그대 멀리 있으면
저는 진실로 깊이깊이
그대 사랑함을 느껴요

그대의 품에

베르아아란

살며시, 살며시, 좀 더 살며시
그대의 품에 나를 안아 주세요.
더운 이마를, 피곤한 두 눈을
그대는 나의 즐거운 새벽
그대의 손길에는 새벽의 기쁨이 있고
그대의 상냥한 말에는 서광이 있어요.
그대로 인해 나는 고뇌를 잊고
날마다 새롭게 살아갑니다.